ligne horizontale

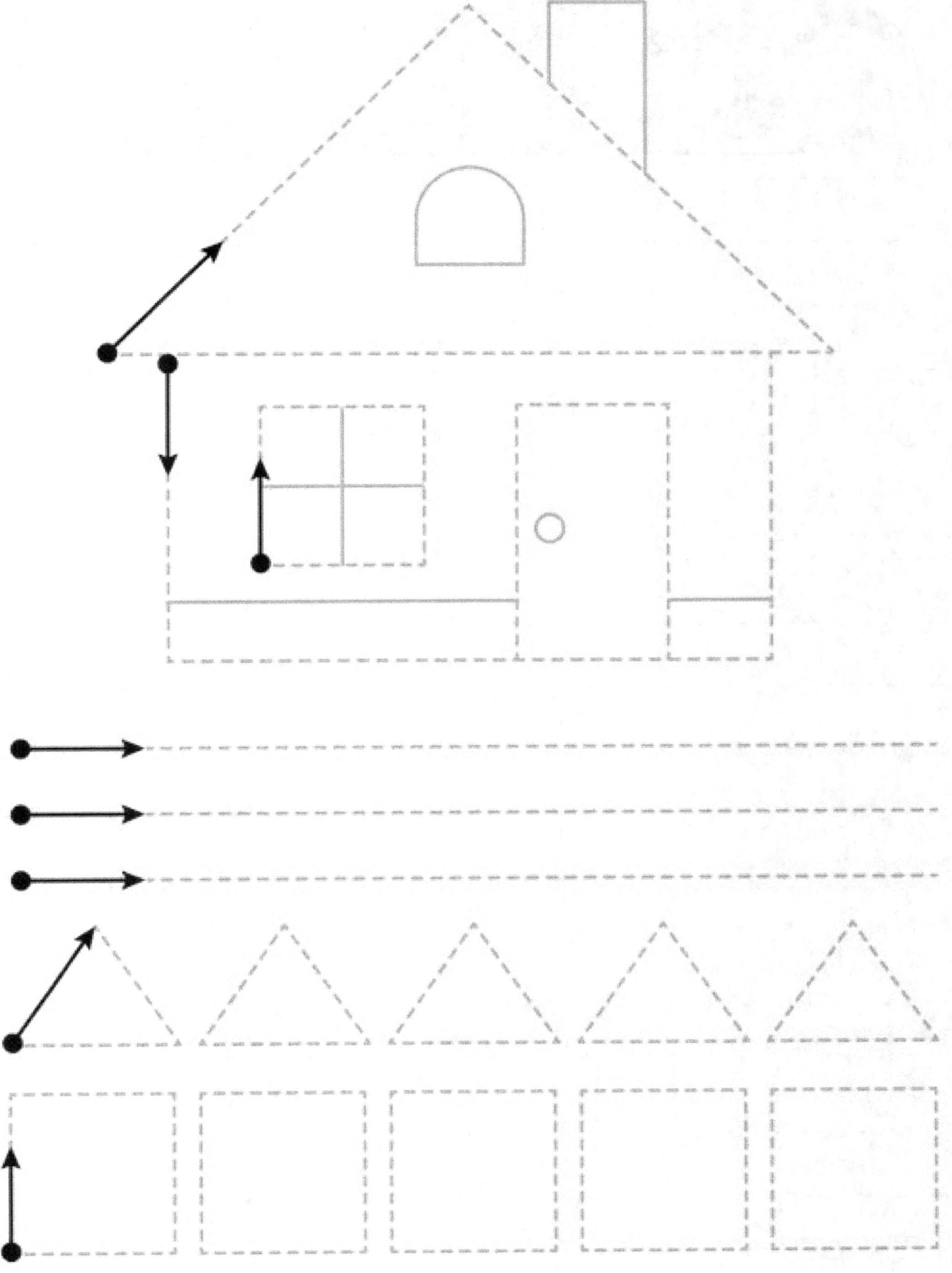

ligne horizontale

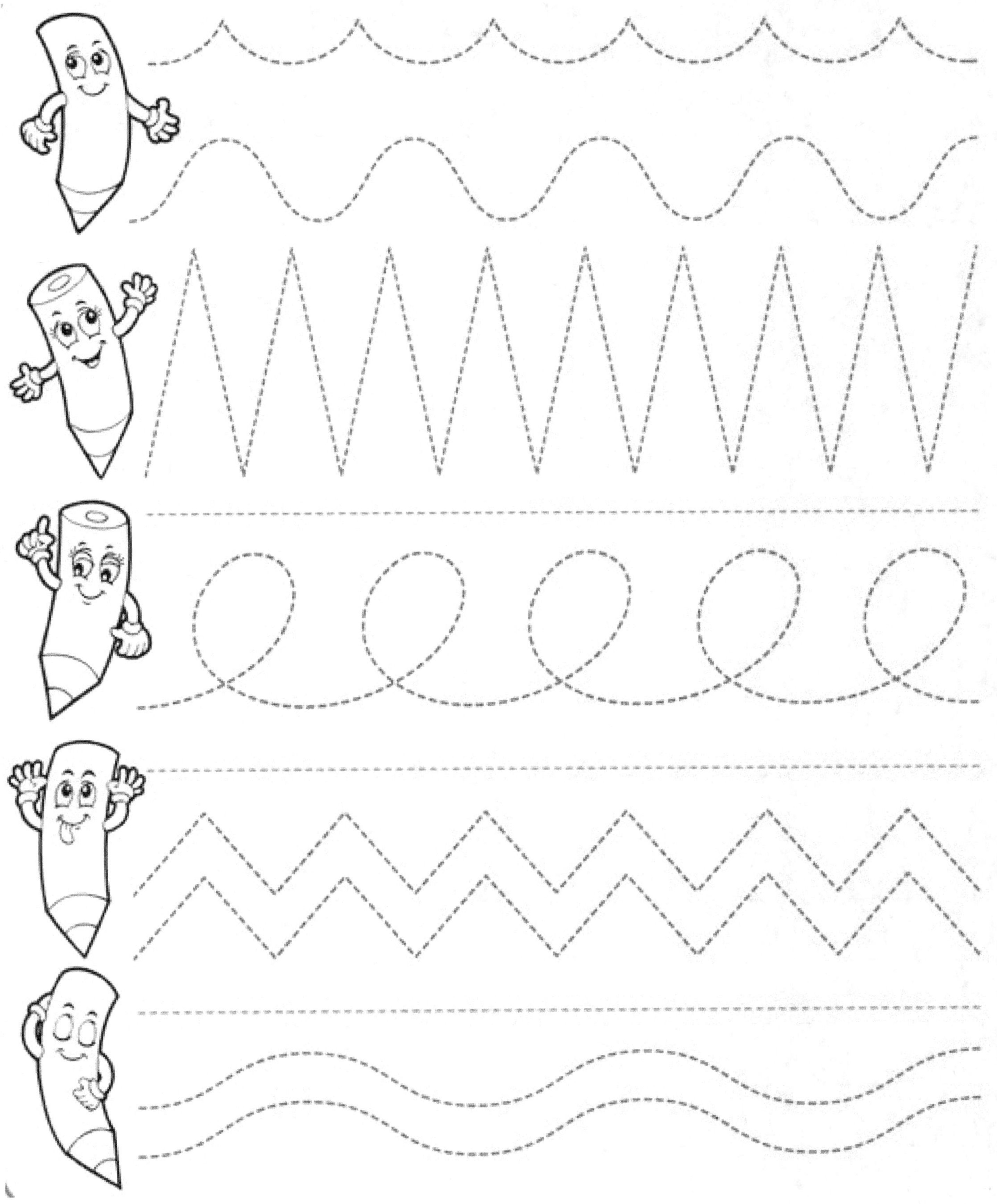

ligne horizontale

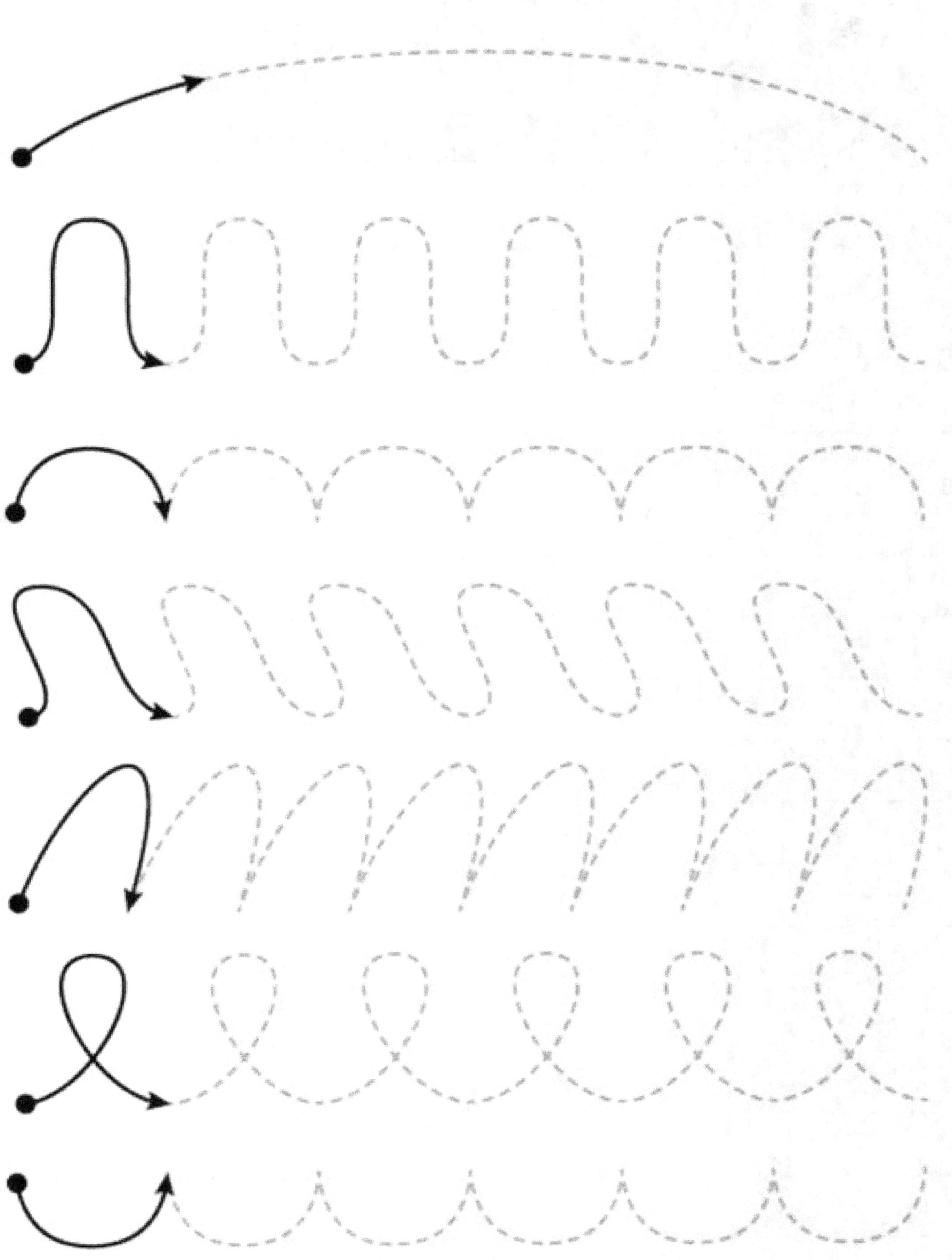

ligne horizontale

ligne horizontale

ligne horizontale

ligne horizontale

ligne horizontale

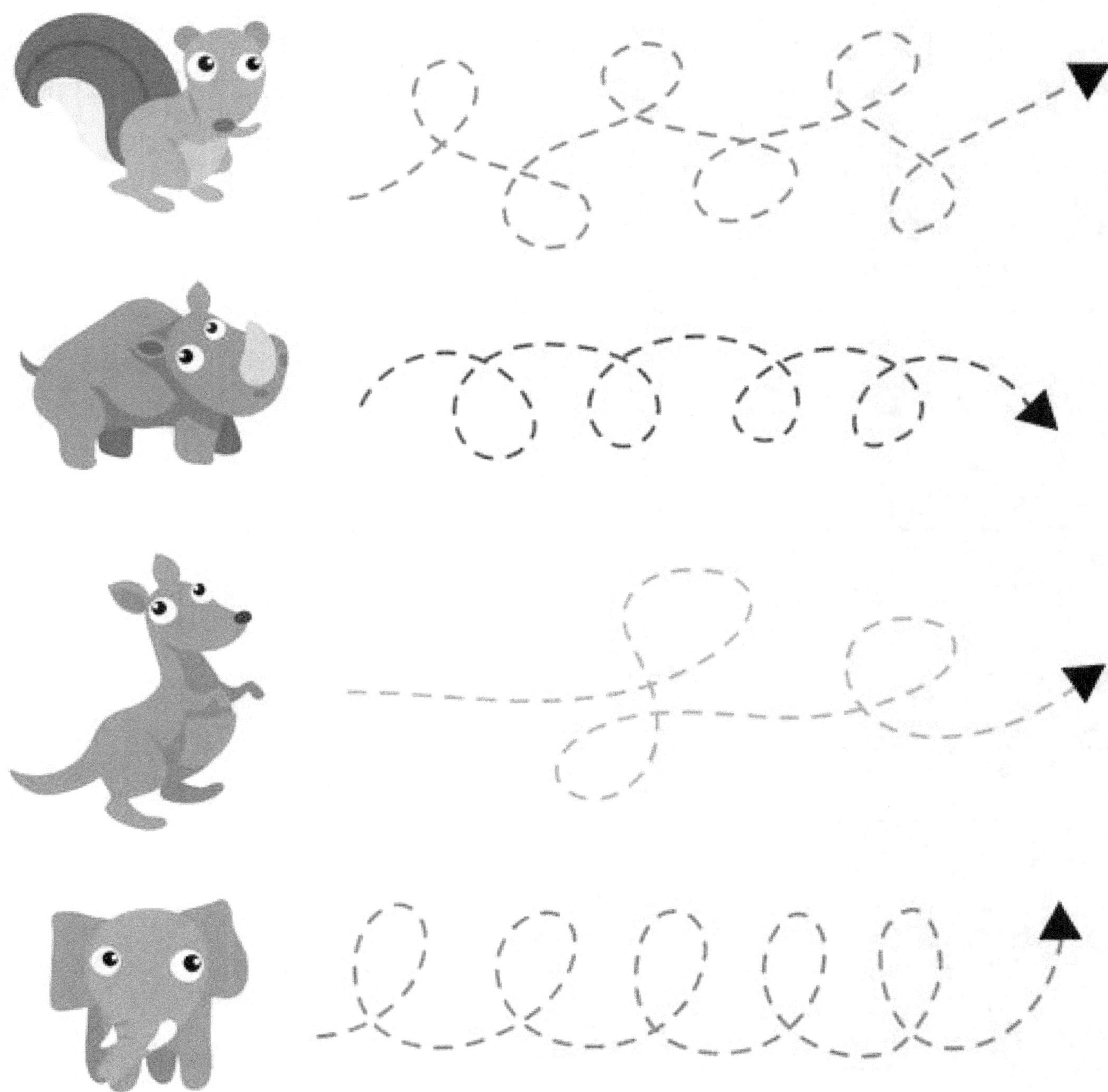

ligne horizontale

# ligne horizontale

ligne horizontale

ligne horizontale

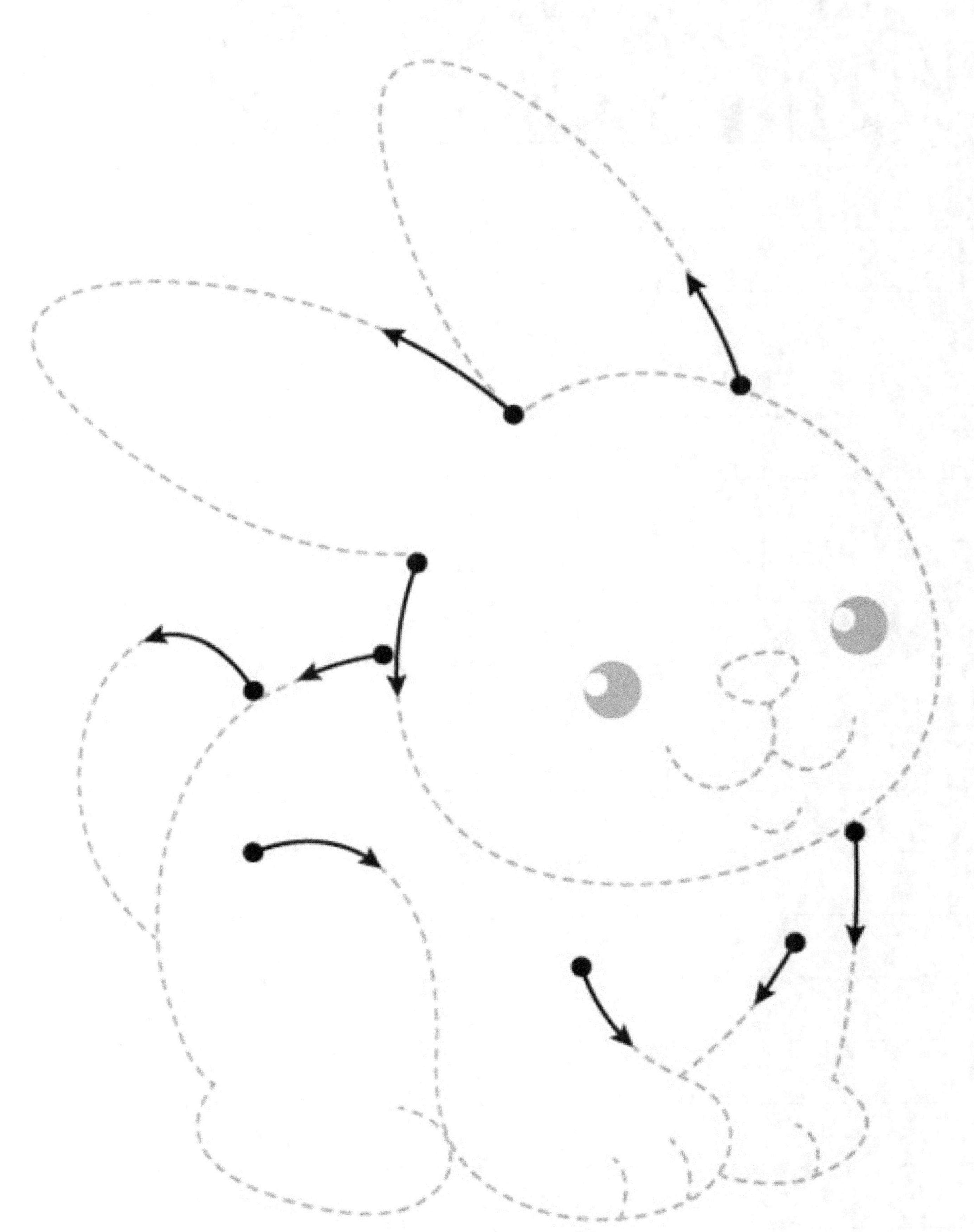

ligne horizontale

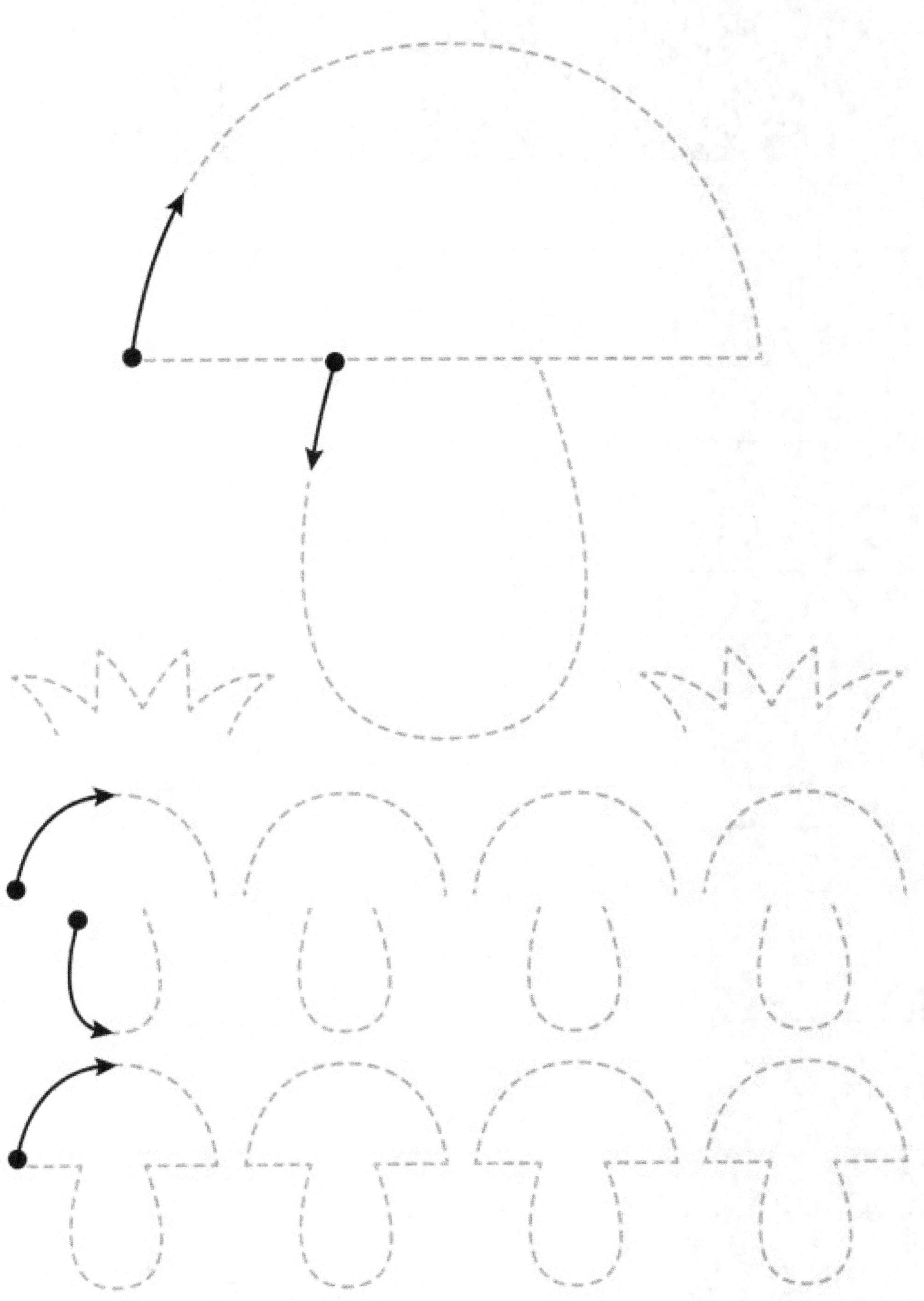

ligne horizontale

ligne horizontale

ligne horizontale

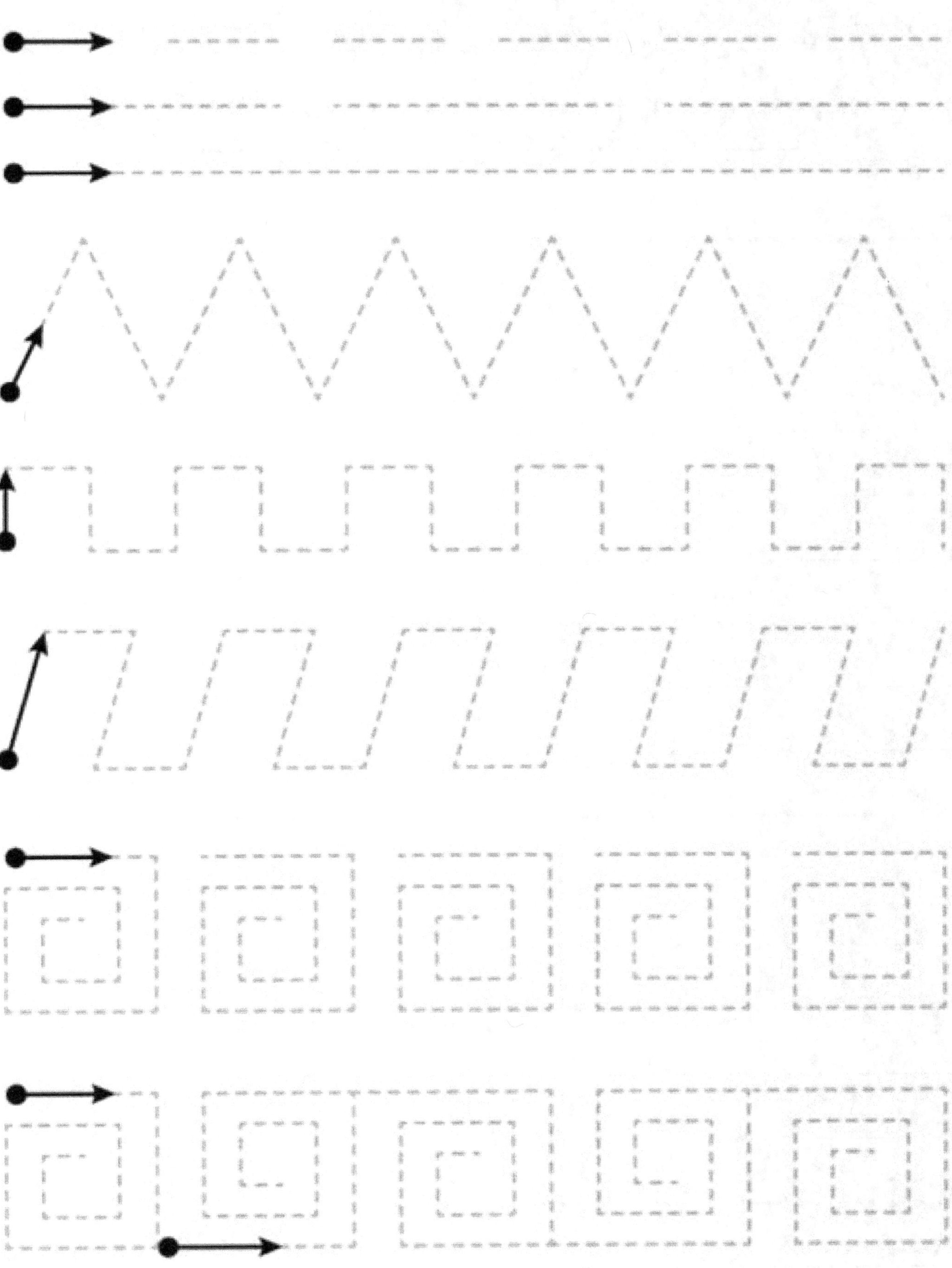

ligne horizontale

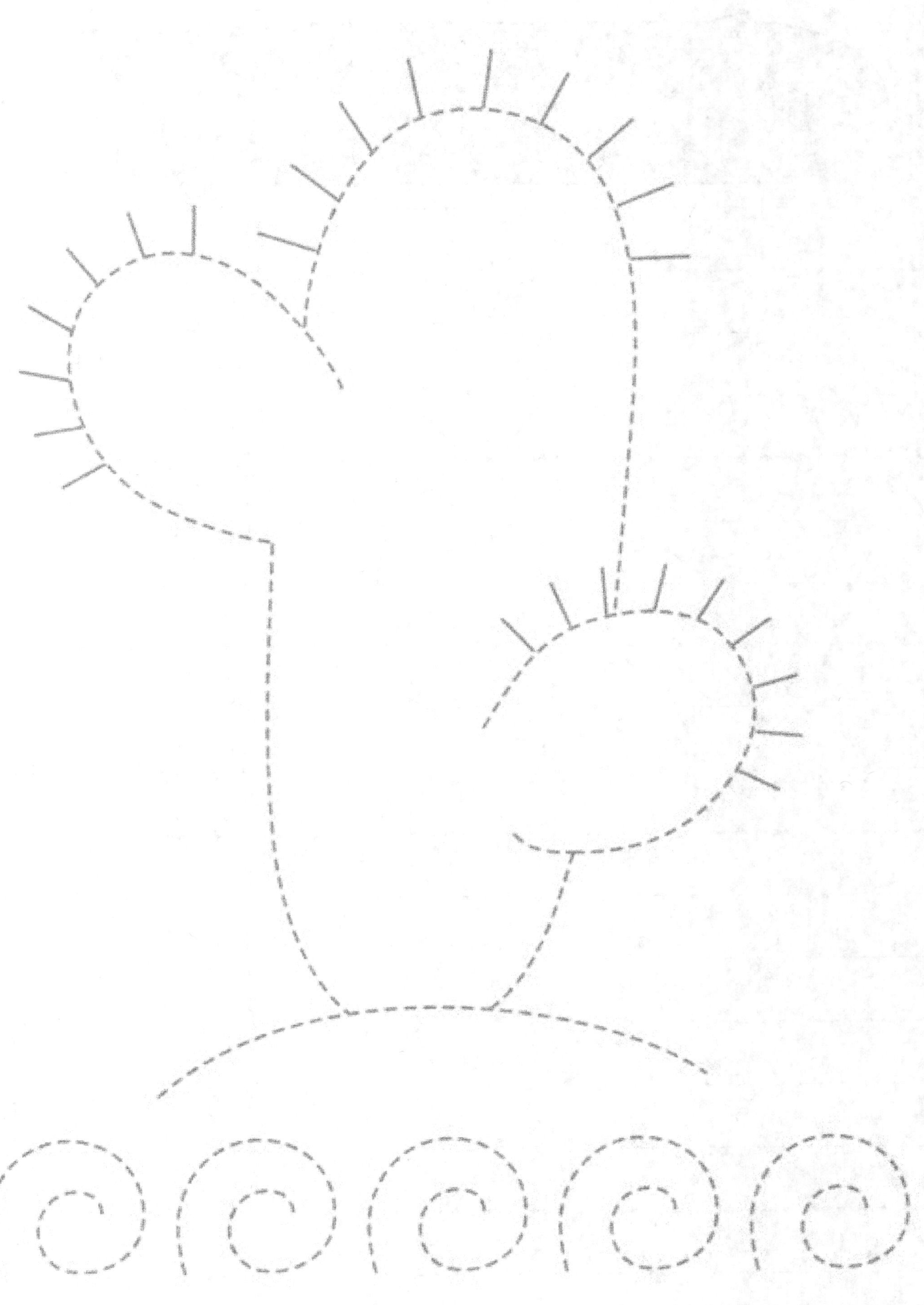

ligne horizontale

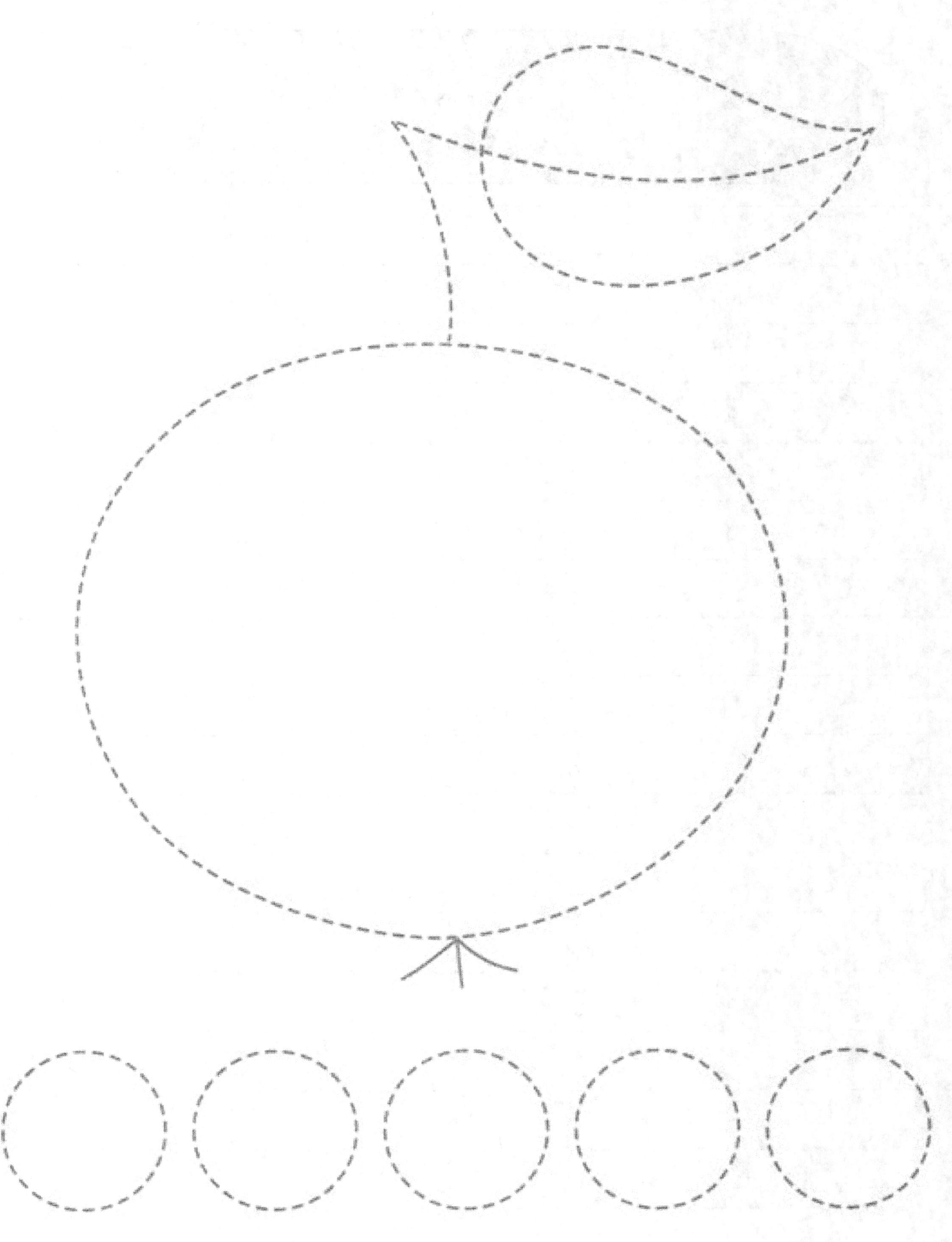

ligne horizontale

ligne horizontale

ligne horizontale

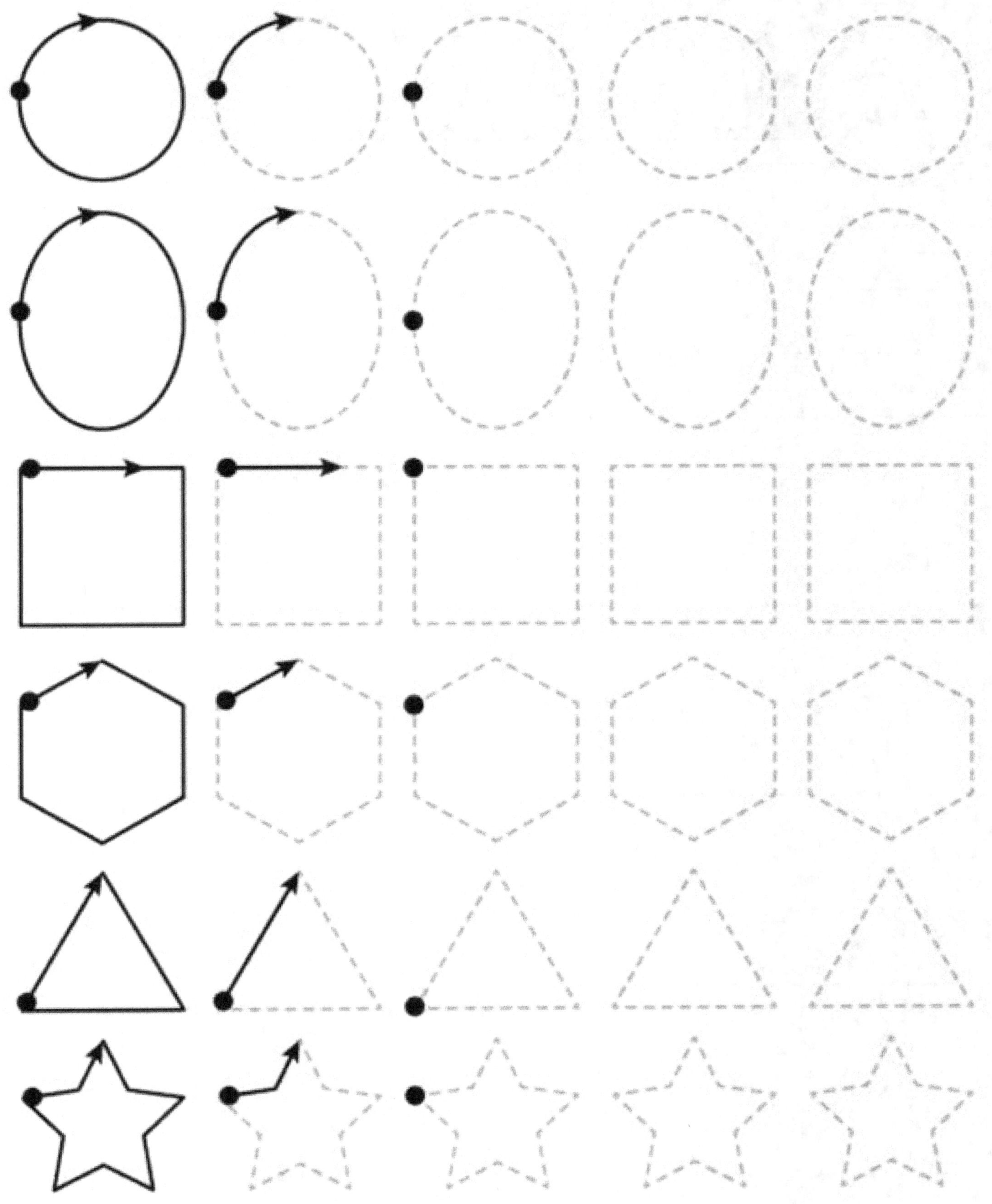

ligne horizontale

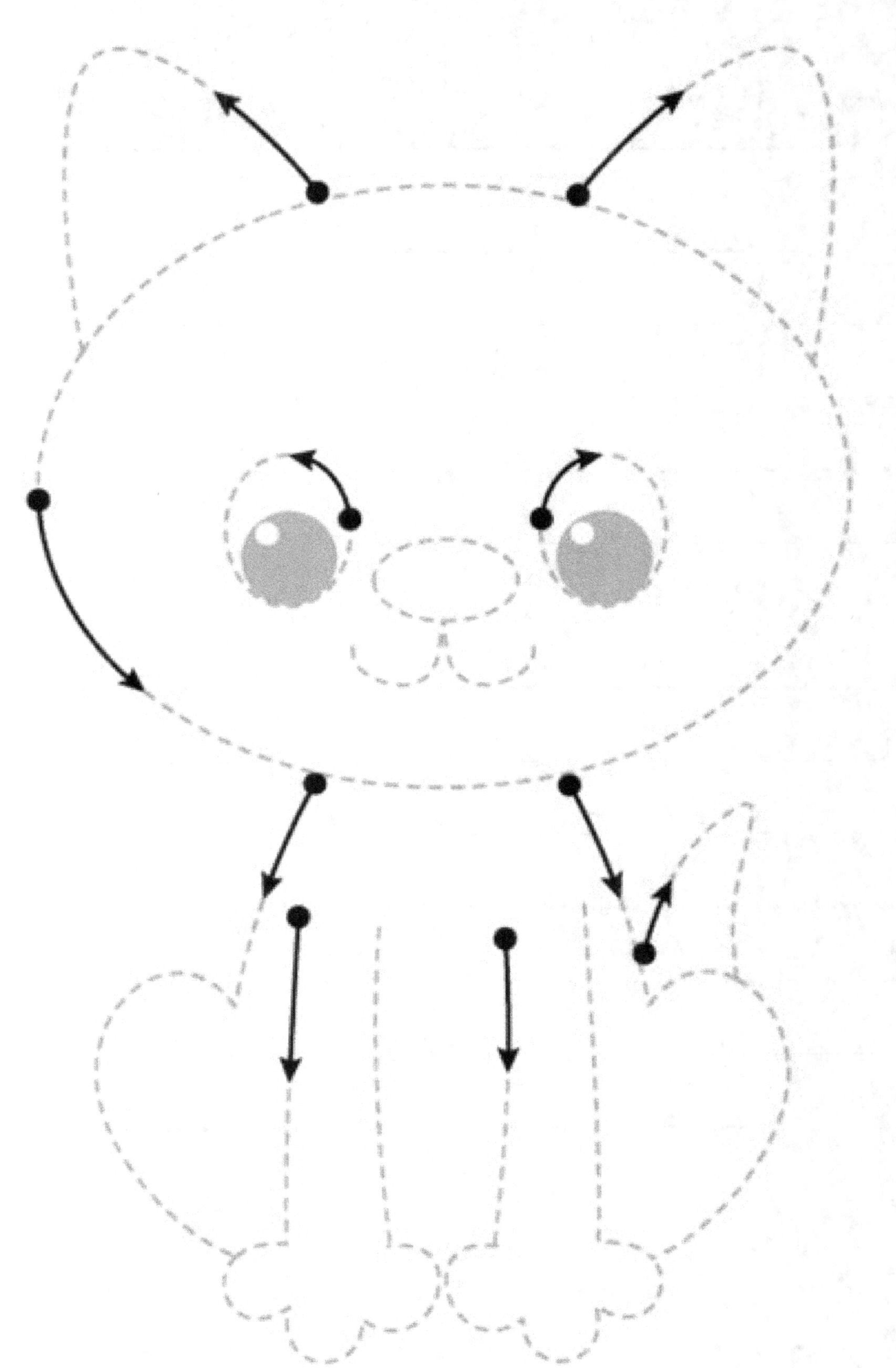

ligne horizontale

ligne horizontale

ligne horizontale

ligne horizontale

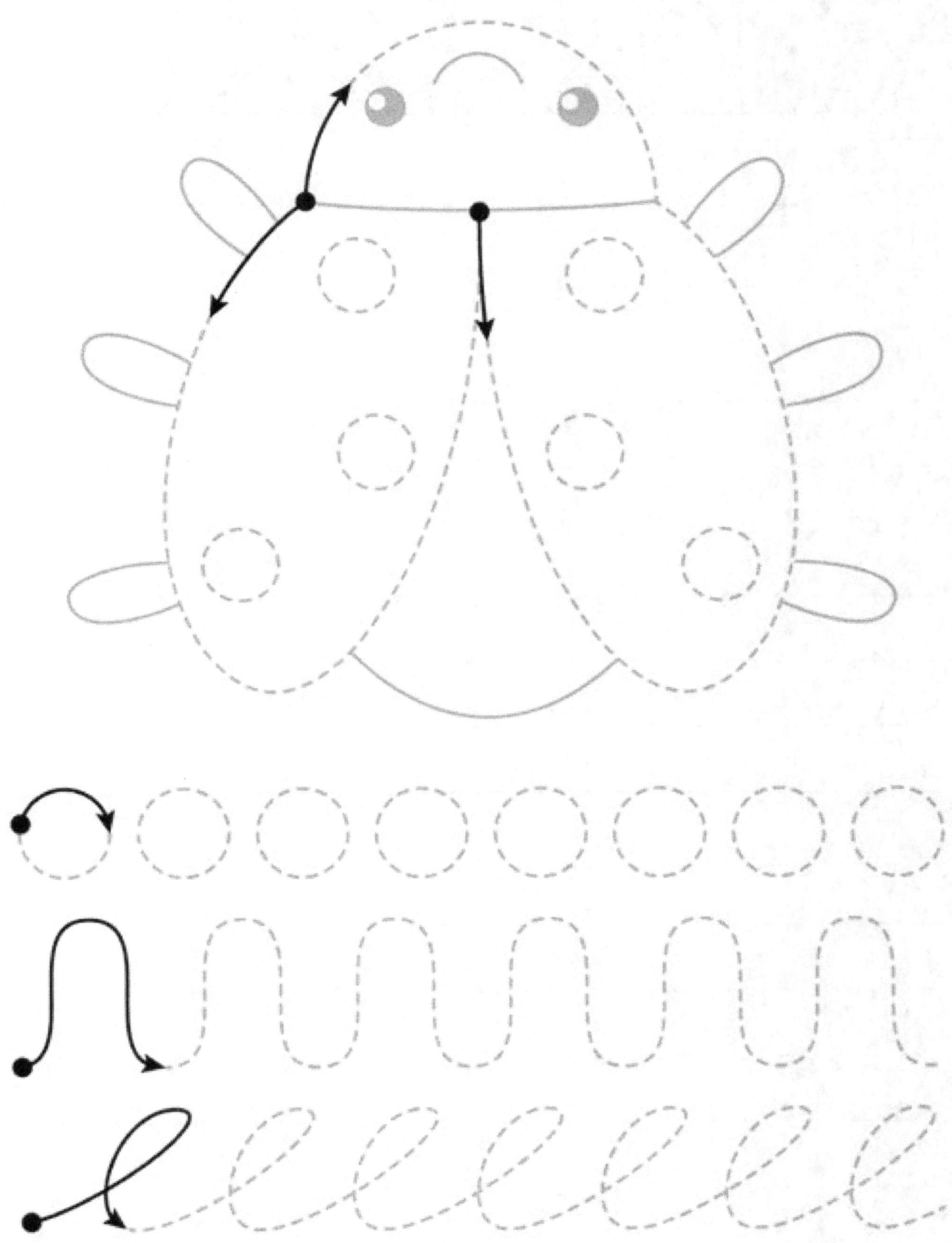

ligne horizontale

ligne horizontale

ligne horizontale

ligne horizontale

ligne horizontale

ligne horizontale

ligne horizontale

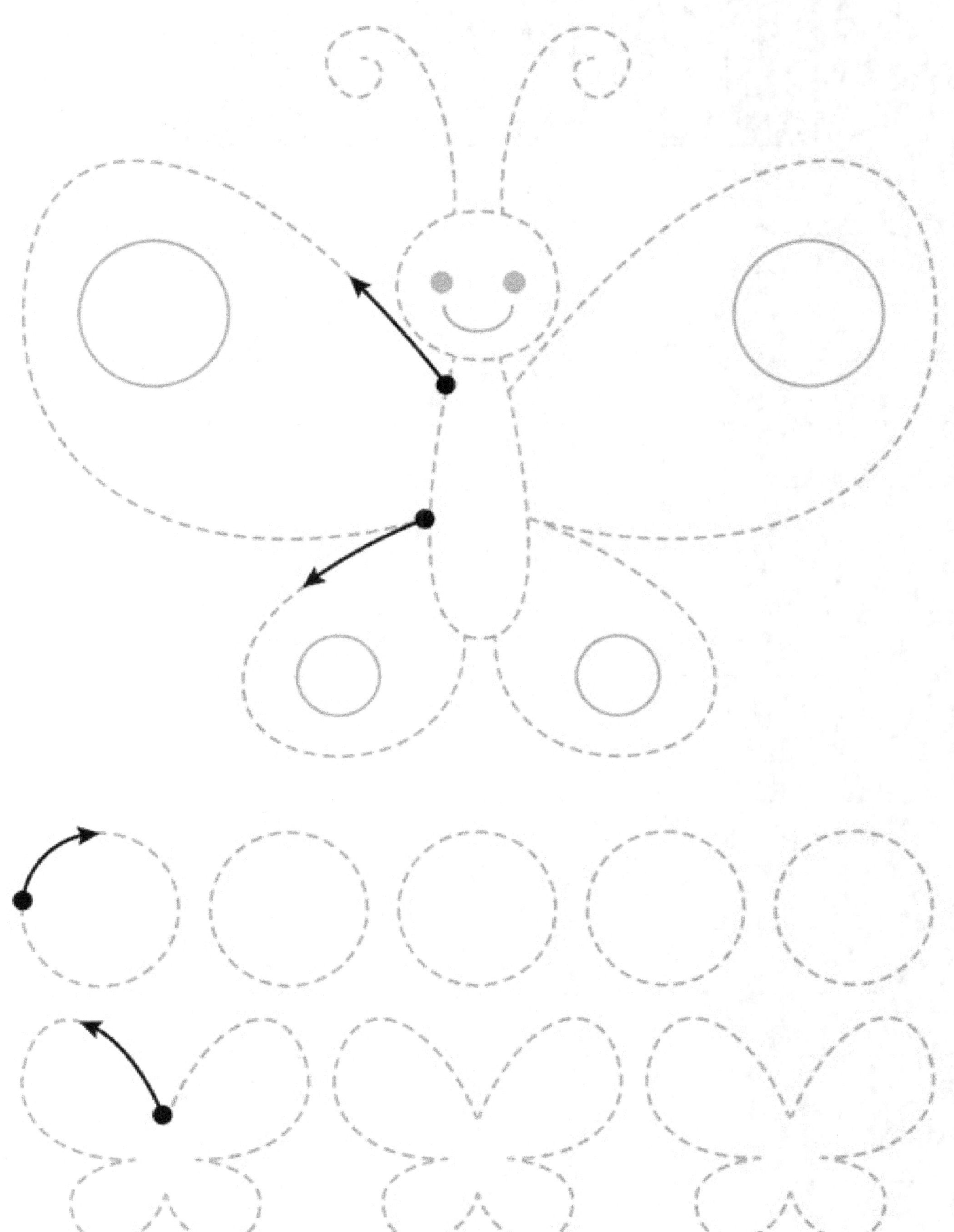

ligne horizontale

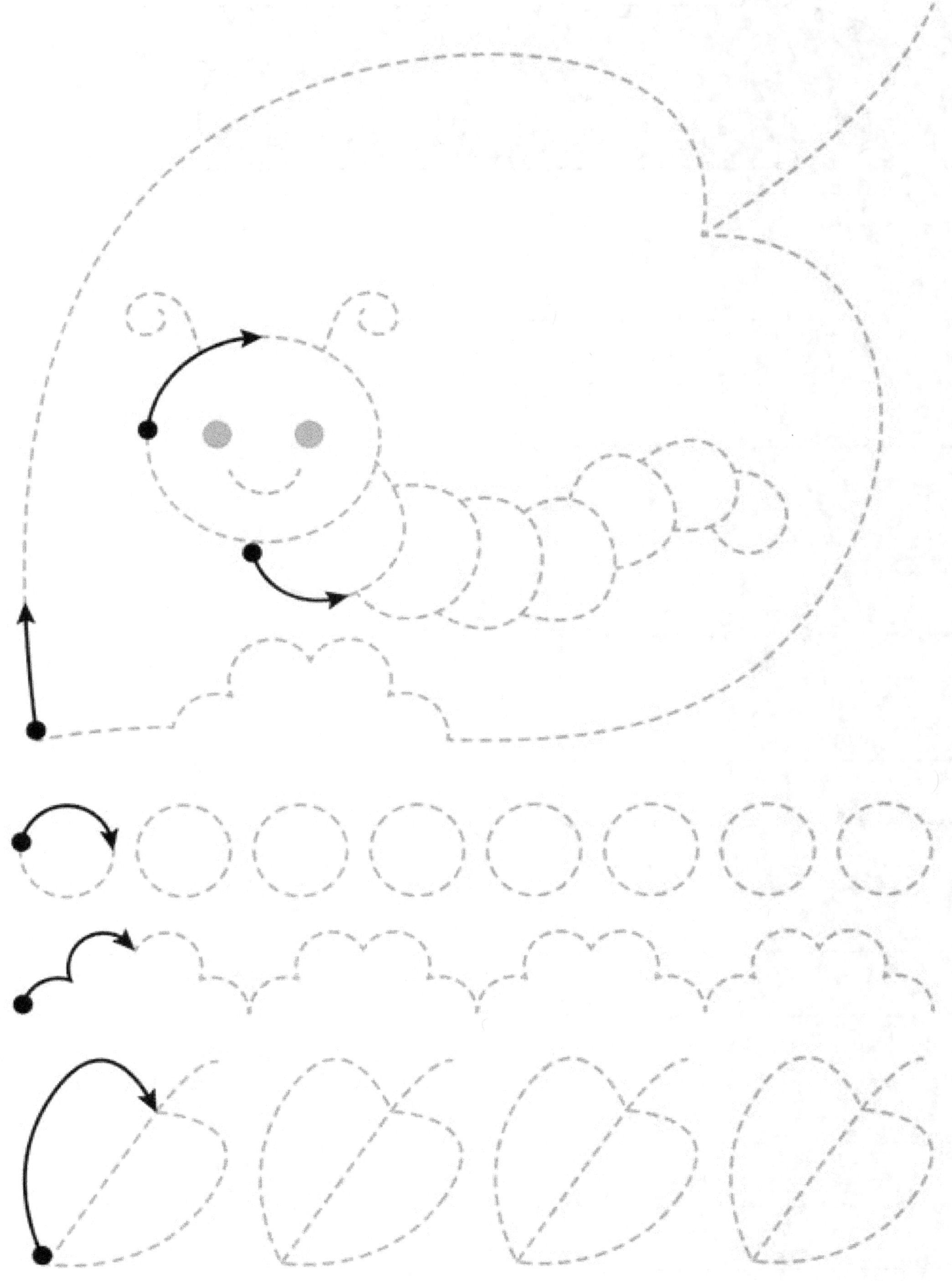

ligne horizontale

ligne horizontale

ligne horizontale

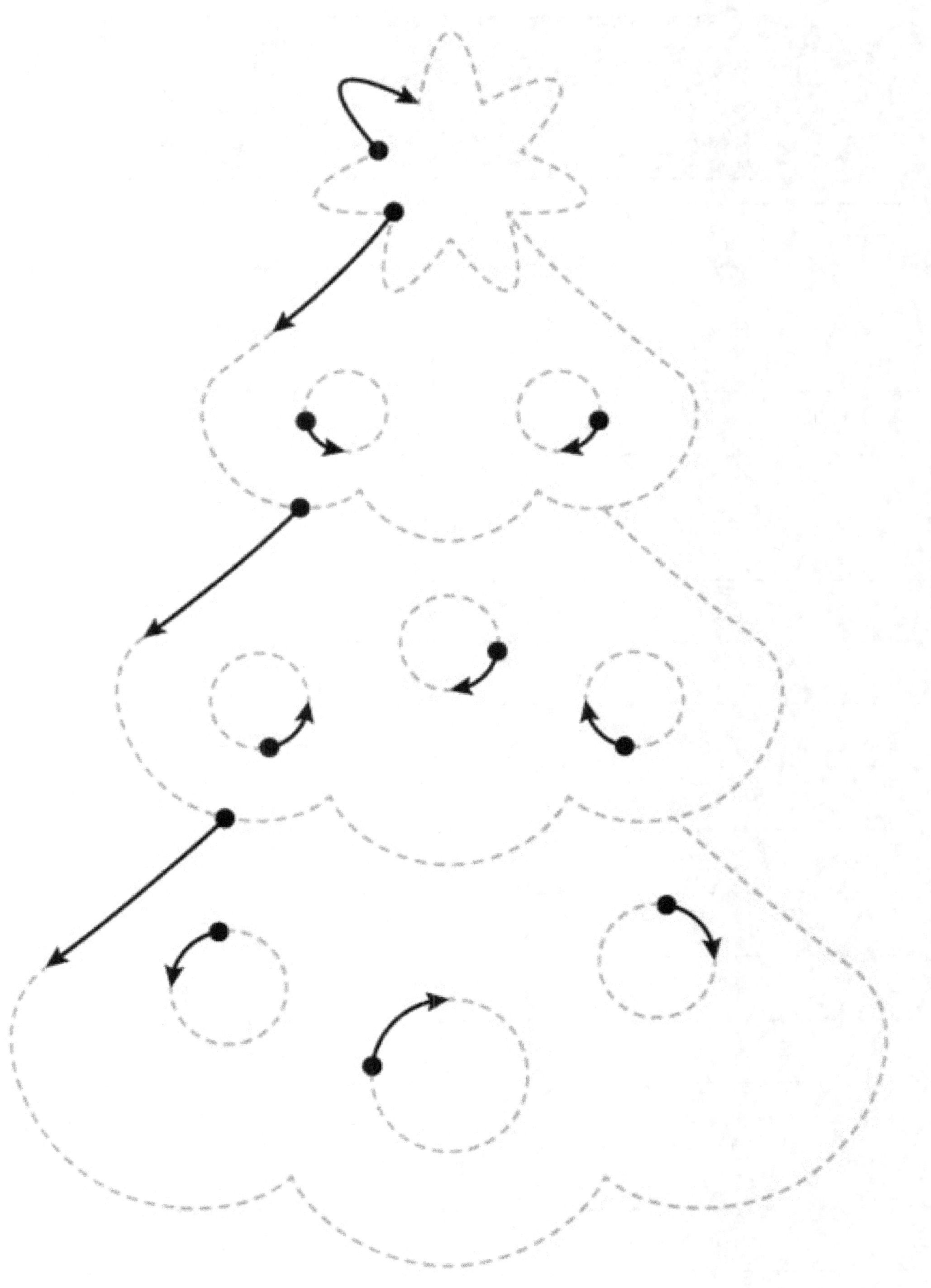

ligne horizontale

ligne horizontale

ligne horizontale

ligne horizontale

ligne horizontale

ligne horizontale

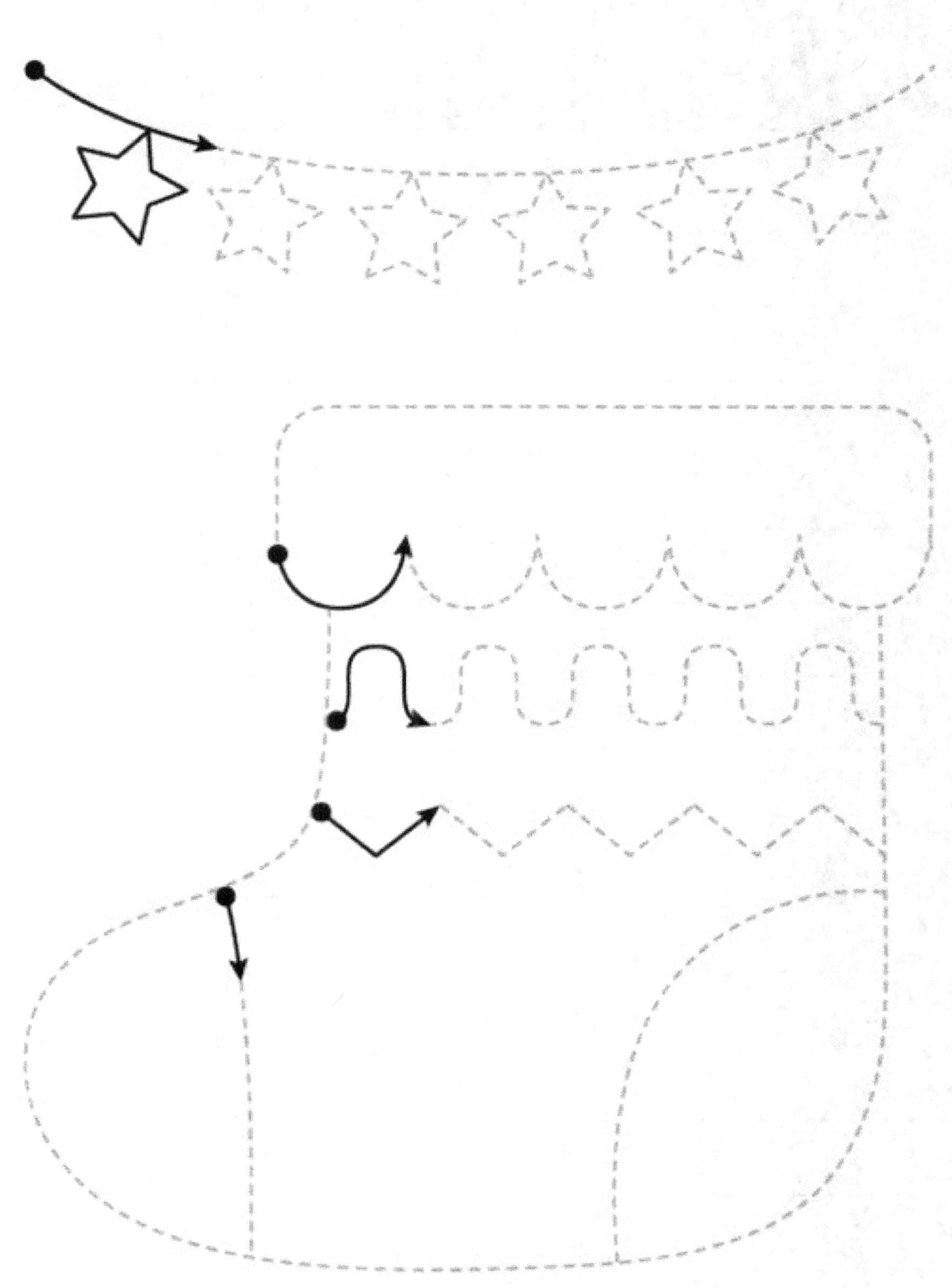

ligne horizontale

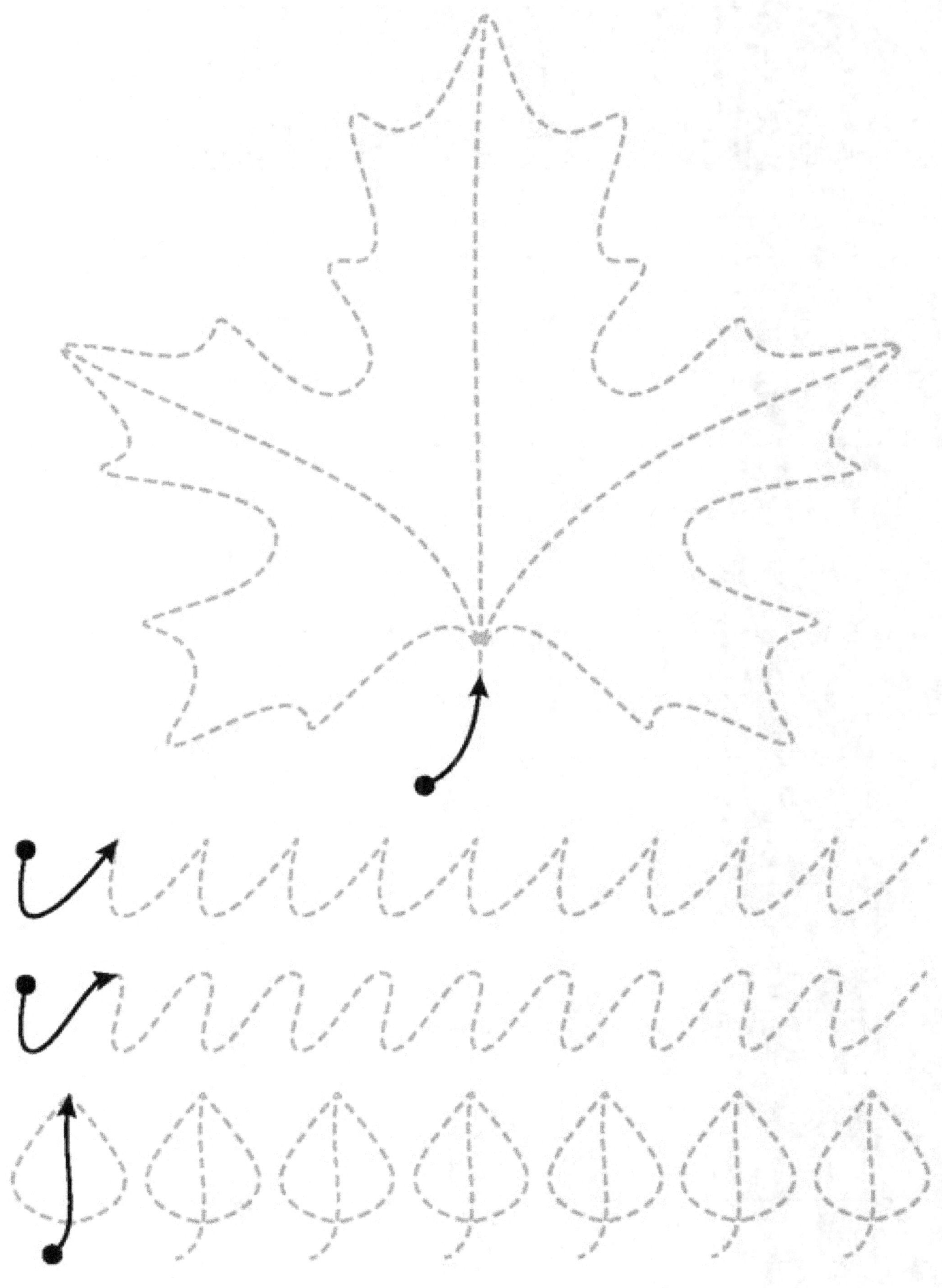

ligne horizontale

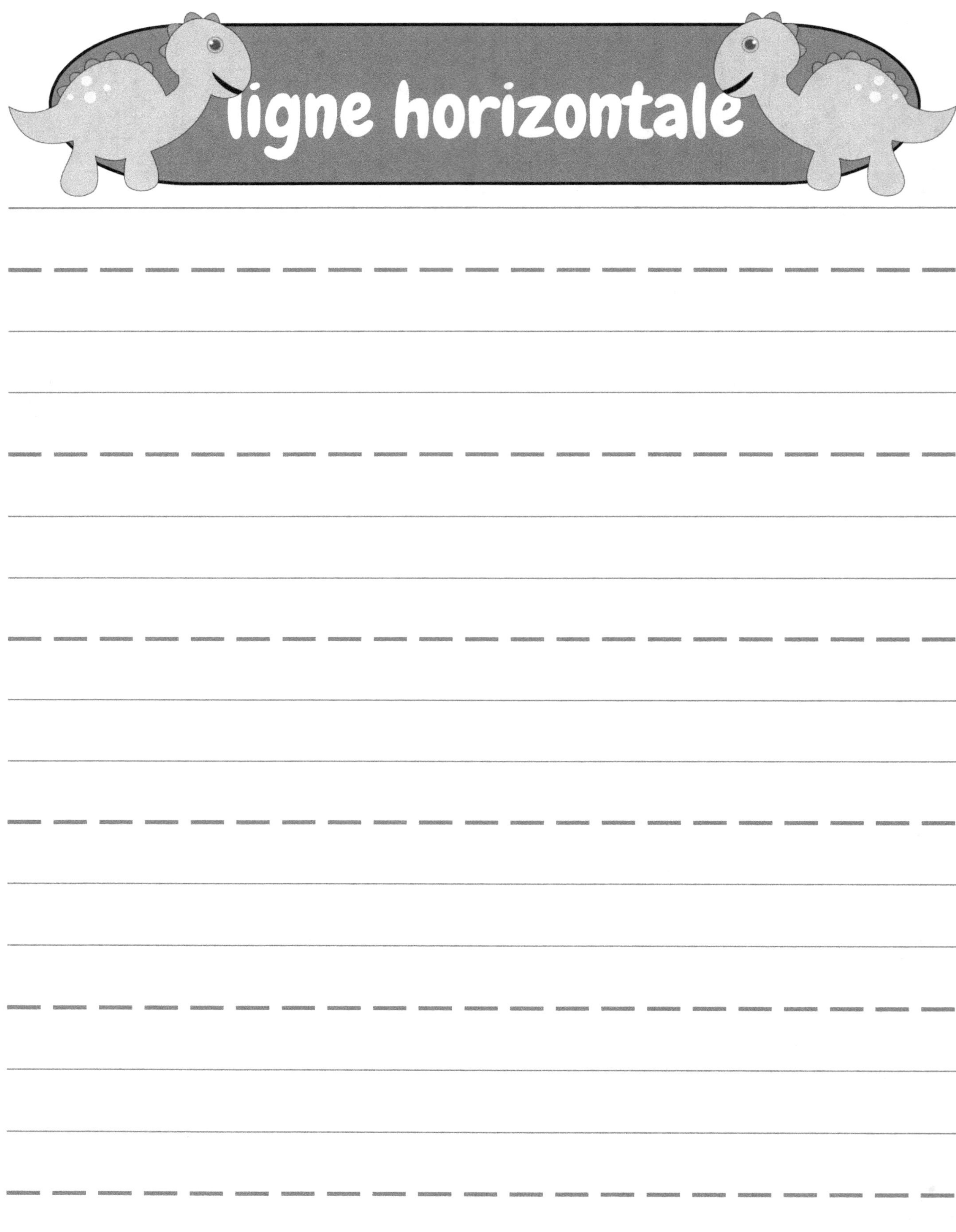
ligne horizontale

0 0 0 0 0 0 0 0 0

1 1 1 1 1 1 1 1 1

2 2 2 2 2 2 2 2 2

3 3 3 3 3 3 3 3 3

4 4 4 4 4 4 4 4 4

5 5 5 5 5 5 5 5 5

6 6 6 6 6 6 6 6 6

7 7 7 7 7 7 7 7 7

8 8 8 8 8 8 8 8 8

9 9 9 9 9 9 9 9 9

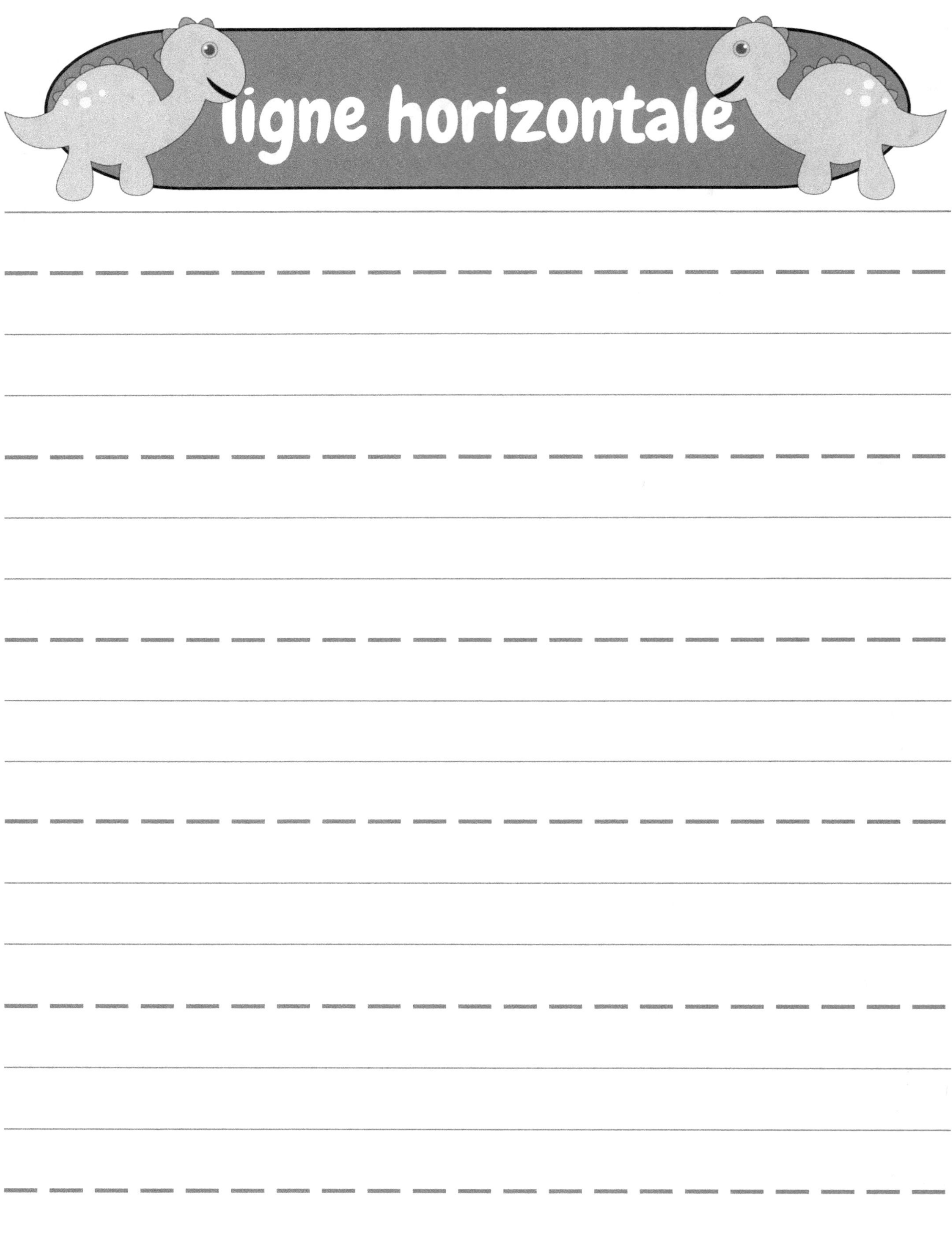

ligne horizontale

Aa Bb Cc Dd Ee

Ff Gg Hh Ii Jj

Kk Ll Mm Nn

Oo Pp Qq Rr

Ss Tt Uu Vv

Ww Xx Yy Zz

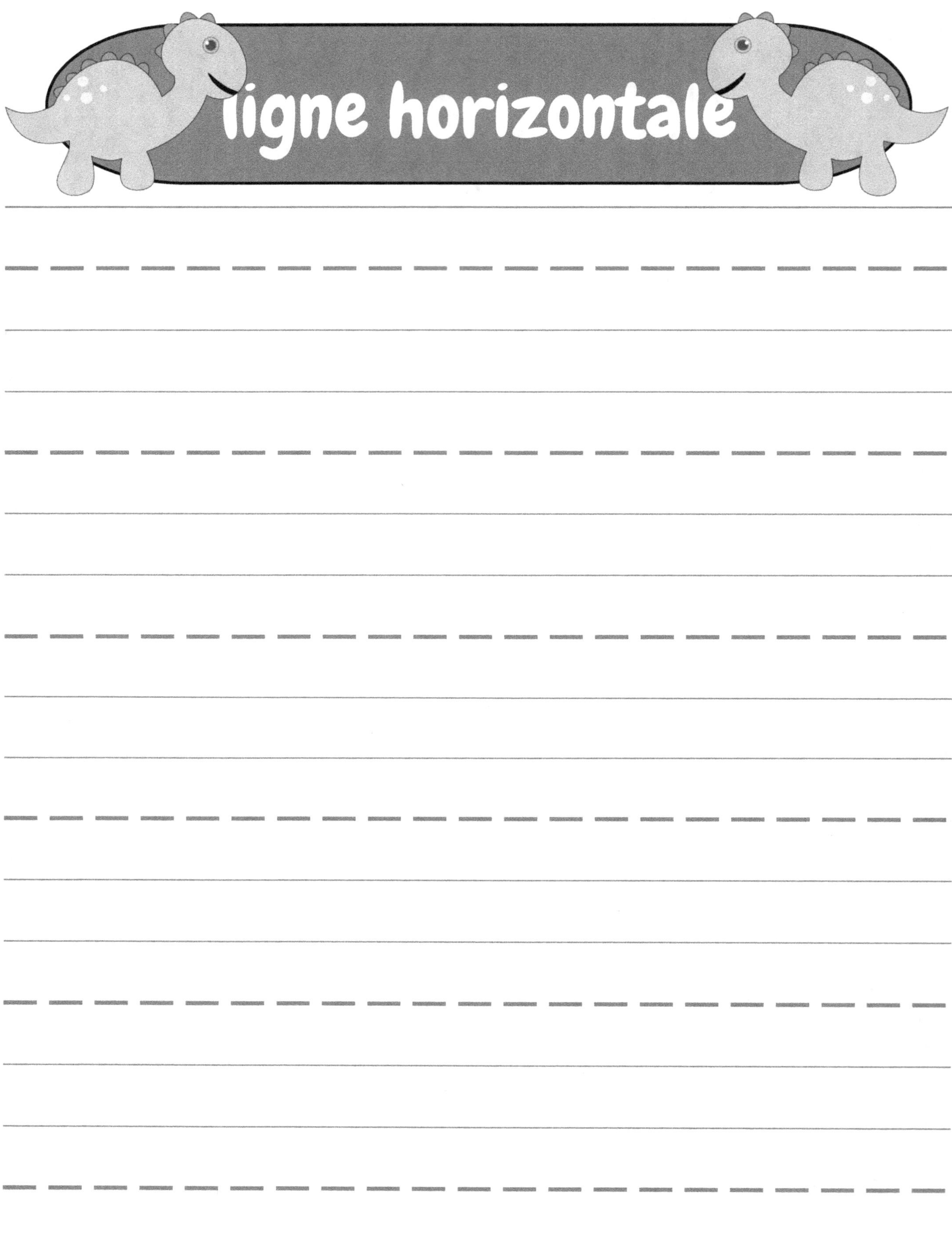

ligne horizontale